Animales opuestos/Animal Opposites

GRANDES y pequeños

Un libro de animales opuestos

BIG and Small

An Animal Opposites Book

por/by Lisa Bullard

Traducción/Translation: Dr. Martín Luis Guzmán Ferrer
Editor Consultor/Consulting Editor: Dra. Gail Saunders-Smith, PhD
Consultor en contenidos/Content Consultant: Zoological Society of San Diego

Capstone press
Mankato, Minnesota

Some animals grow as big as an airplane.
Others are as small as a speck of dust.
Let's learn about big and small by looking
at animals from around the world.

Algunos animales pueden llegar a ser
tan grandes como un avión. Otros
animales son tan pequeños como una
pizca de polvo. Vamos a aprender
acerca de lo grande y lo pequeño
observando a los animales del mundo.

BIG/GRANDES

Whales are the world's biggest animals. Many kinds of whales can grow larger than a bus.

Las ballenas son los animales más grandes del mudo. Muchas clases de ballenas pueden llegar a ser tan grandes como un autobús.

Whales can eat millions of krill in one day.

Las ballenas pueden comerse millones de krill es un día.

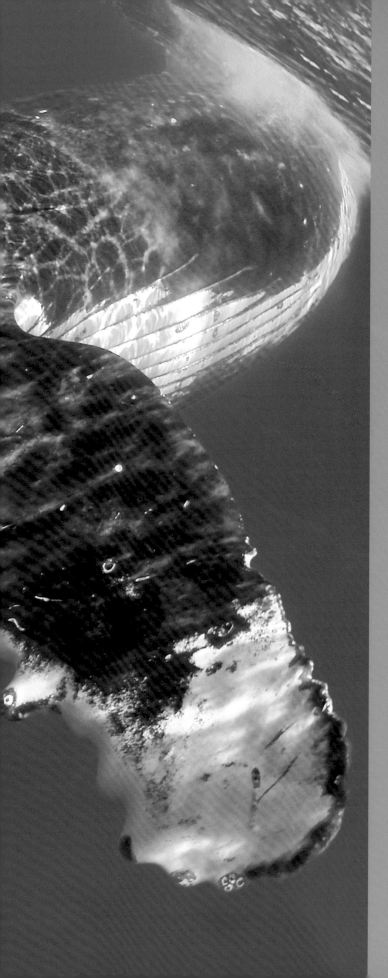

Small/
Pequeños

Krill are small animals that look like tiny shrimp. They grow to the size of a person's little toe.

Los krill son unos animalitos chiquitos parecidos a los camarones. Apenas son del tamaño del dedo pequeño del pie.

BIG/GRANDES

The world's biggest land animals are elephants. They stand as tall as a basketball hoop.

Small/ Pequeños

Small mice live almost everywhere there are people. They even find small places to hide in people's houses.

Los animales terrestres más grandes del mundo son los elefantes. Pueden ser tan altos como la canasta del basquetbol.

Los ratones viven en cualquier parte donde hay gente. Hasta encuentran pequeños lugares para esconderse en las casas de la gente.

BIG/GRANDES

Small/ Pequeños

Big African buffalo stomp across grasslands. They use their large horns to protect themselves from lions.

El enorme búfalo africano se pasea pisando fuerte por los pastizales. Sus largos cuernos le sirven para protegerse de los leones.

Small oxpeckers eat bugs off larger animals. They treat African buffalo like fast-food restaurants.

Los pequeños picabueyes se comen los insectos que tienen los animales grandes. Usan a los búfalos africanos como si fueran restaurantes de comida rápida.

BIG/GRANDES

Big tigers are dangerous hunters. They roam through forests and swamps looking for other animals to eat.

Los tigres grandes son unos cazadores peligrosos. Merodean por los bosques y los pantanos en busca de animales para comérselos.

Small/
Pequeños

Don't be fooled by
a tiger beetle's size.
These small bugs are
very good hunters.

Que no te vaya a engañar
el tamañito del escarabajo
tigre. Estos pequeños insectos
son muy buenos cazadores.

Tiger beetles move quickly
to catch food. They eat crickets,
ants, and other bugs.

Los escarabajos tigre se mueven
con rapidez para atrapar el
alimento. Se comen a los grillos,
las hormigas y otros insectos.

11

BIG/GRANDES

Crocodiles are the biggest reptiles around. Some grow as long as minivans.

Los cocodrilos son los reptiles más grandes que hay. Pueden alcanzar el tamaño de una camioneta.

Crocodile newts aren't tiny reptiles. They're small amphibians.

Las tritones cocodrilo no son reptiles. Son pequeños anfibios.

BIG/GRANDES

Ostriches are the biggest birds in the world. They're too big to fly.

Las avestruces son los pájaros más grandes del mundo. Son tan grandes que no pueden volar.

Small/
Pequeños

Hummingbirds are the
world's smallest birds.
They're small enough
to fit in a child's hand.

Los colibríes son los pájaros
más pequeños del mundo.
Son tan chiquitos que caben
en la mano de un niño.

The smallest type
of hummingbird is about
the size of a bumblebee.

El tipo más pequeño de
colibrí es del tamaño
de un abejorro.

BIG/GRANDES

A big male moose
grows new antlers
every spring.

Al alce macho
le salen astas nuevas
cada primavera.

Small/ Pequeños

Some small animals gliding
from tree to tree aren't birds.
They're flying squirrels.

Algunos animales que planean
de árbol en árbol no son pájaros.
Son ardillas voladoras.

Flying squirrels don't really fly.
They glide using flaps of skin
between their front and back legs.

En realidad, las ardillas voladoras
no vuelan. Planean con los pliegues
de piel que tienen entre sus
patas delanteras y traseras.

BIG/GRANDES

Big polar bears hunt and
play in the snowy Arctic.

Los grandes osos polares
cazan y juguetean
en el nevado Ártico.

18

Small/ Pequeños

Arctic foxes are small but tough. They often eat polar bear leftovers.

Los zorros árticos son pequeños pero resistentes. Se comen las sobras que dejan los osos polares.

In summer, an Arctic fox's fur is gray or brown. It turns white in winter.

En verano, la piel del zorro ártico es gris o marrón. Se pone blanca en el invierno.

BIG/GRANDES

Elephant seals are big and fat. Their blubber keeps them warm in cold water.

Los elefantes marinos son grandes y gordos. Su grasa los mantiene calientes en aguas frías.

Elephant seals are mammals. They need to breathe air. But they can hold their breath underwater for about two hours.

Las elefante marinos son mamíferos. Necesitan aire para respirar. Pero pueden aguantar la respiración bajo el agua por cerca de dos horas.

Small/ Pequeños

Small rockhopper penguins waddle about the cold Antarctic.

Los pequeños pingüinos de penacho amarillo caminan como patos en la helada Antártida.

BIG/GRANDES

The world's biggest lizards are hard to find. Komodo dragons live only on some tiny islands in Indonesia.

Es difícil encontrar a los lagartos más grandes del mundo. Los dragones de Komodo sólo viven en algunas de las diminutas islas de Indonesia.

Small/
Pequeños

Small geckos use
trees and rocks as
hiding places.

Los pequeños gecos usan
los árboles y las rocas
como escondrijos.

BIG/GRANDES

Big sharks are dangerous
hunters of the deep.

Los grandes tiburones son
peligrosos cazadores de
las profundidades.

Small/
Pequeños

Small, colorful clown fish swim in coral reefs.

Los pequeños y coloridos peces payaso nadan entre los arrecifes de coral.

Clown fish hide among sea anemones. Sea anemones have poisonous stings that harm most fish. A special coating on a clown fish's skin protects it from the stings.

Los peces payaso se esconden entre las anémonas marinas. Las anémonas marinas tienen una picadura venenosa que le hace daño a la mayoría de los peces. Una capa especial protege a los peces payaso de esas picaduras.

Some big animals swim in oceans.
Others stomp across the ground.
Some small animals hide under rocks.
Others fly through the air.
What kinds of big and small
animals live near you?

Algunos animales grandes nadan
en los mares. Otros se pasean con
sus grandes patas por la tierra.
Algunos animales se esconden debajo de
las piedras. Otros vuelan por los aires.
¿Qué clase de animales grandes
o pequeños viven cerca de ti?

Did You Know?

The largest whales, blue whales, have very big hearts. Their hearts are the size of a small car.

Las ballenas más grandes, las ballenas azules, tienen unos corazones enormes. Sus corazones pueden llegar a tener el tamaño de un automóvil pequeño.

Not only are ostriches the world's biggest birds, but they lay the world's biggest eggs. Ostrich eggs are about the size of a cantaloupe.

Las avestruces no sólo son los pájaros más grandes del mundo, si no que también ponen los mayores huevos. Los huevos de avestruz son como del tamaño de un melón.

Some male polar bears stand up to 10 feet tall and can weigh 1,500 pounds.

Algunos osos polares machos alcanzan 10 pies de alto y pueden llegar a pesar 1,500 libras.

¿Sabías que?

Geckos live on every continent except Antarctica.

Los gecos viven en todos los continentes, salvo en la Antártida.

A mouse's tail is almost as long as its body.

La cola del ratón es casi tan larga como su cuerpo.

Small clown fish eat bigger fish that sea anemones kill with their poisonous stings.

Los pequeños peces payaso se comen a los peces más grandes que matan las anémonas con sus picaduras venenosas.

Glossary

amphibian — a cold-blooded animal with a backbone; amphibians live in water when young and can live on land as adults.

Antarctic — the area near the South Pole

antlers — bony structures that grow on the heads of moose, deer, and elk

Arctic — the area near the North Pole

blubber — a layer of fat under the skin of some ocean animals; blubber helps animals stay warm when swimming in cold water.

coral reef — an area of coral skeletons and rocks in shallow ocean water

mammal — a warm-blooded animal that has a backbone and feeds milk to its young; mammals also have hair; most mammals give live birth to their young.

reptile — a cold-blooded animal with a backbone; scales cover a reptile's body.

Internet Sites

FactHound offers a safe, fun way to find Internet sites related to this book. All of the sites on FactHound have been researched by our staff.

Here's how:

1. Visit *www.facthound.com*

2. Choose your grade level.

3. Type in this book ID **1429623896** for age-appropriate sites. You may also browse subjects by clicking on letters, or by clicking on pictures and words.

4. Click on the **Fetch It** button.

FactHound will fetch the best sites for you!

Glosario

el anfibio — animal de sangre fría con columna vertebral; los anfibios viven en el agua cuando nacen y como adultos pueden vivir en tierra.

la Antártida — el área más cerca al Polo Sur

el arrecife de coral — zona con esqueletos de coral y rocas en aguas poco profundas del mar

el Ártico — el área más cerca al Polo Norte

el asta — cuerno que crece en la cabeza del alce y el venado

el mamífero — animal de sangre caliente con columna vertebral que alimenta a sus crías con leche; los mamíferos también tienen pelo; la mayoría de los mamíferos da a luz a sus crías.

reptil — animal de sangre fría con columna vertebral; el cuerpo de los reptiles está cubierto de escamas.

Sitios de Internet

FactHound te brinda una manera divertida y segura de encontrar sitios de Internet relacionados con este libro. Hemos investigado todos los sitios de FactHound. Es posible que algunos sitios no estén en español.

Se hace así:

1. Visita *www.facthound.com*

2. Elige tu grado escolar.

3. Introduce este código especial **1429623896** para ver sitios apropiados a tu edad, o usa una palabra relacionada con este libro para hacer una búsqueda general.

4. Haz un clic en el botón **Fetch It**.

¡FactHound buscará los mejores sitios para ti!

Index

Índice

32

A+ Books are published by Capstone Press, 151 Good Counsel Drive, P.O. Box 669, Mankato, Minnesota 56002. www.capstonepress.com

1 2 3 4 5 6 13 12 11 10 09 08

Library of Congress Cataloging-in-Publication Data
Bullard, Lisa.
    [Big and small. Spanish & English]
    Grandes y pequenos : Un libro de animals opuesto = Big and small : an animal opposites book /por/by Lisa Bullard.
       p. cm. — (Animales opuestos = Animal opposites)
    Added t.p. title: Big and small
    Includes index.
    ISBN-13: 978-1-4296-2389-6 (hardcover)
    ISBN-10: 1-4296-2389-6 (hardcover)
    1. Body size — Juvenile literature. I. Title. II. Title: Big and small. III. Series.
QL799.3.B8518 2009
590 — dc22   2008003341

Summary: Brief text introduces the concepts of big and small, comparing some of the world's largest animals with animals that are small — in both English and Spanish.

Credits
Blake A. Hoena, editor; Eida del Risco, Spanish copy editor; Biner Design, designer; Kia Adams, set designer; Kelly Garvin, photo researcher; Scott Thoms, photo editor

Photo Credits
Brand X Pictures, 3 (beetle); Bruce Coleman Inc./E.R. Degginger, 13; Bruce Coleman Inc./Frank Krahmer, 14; Bruce Coleman Inc./John Shaw, 11; Bruce Coleman Inc./Kate McDonald, 12; Bruce Coleman Inc./Kim Taylor, 17; Capstone Press/Karon Dubke, cover (mouse), 7; Corbis, 1 (hummingbird), 3 (hummingbird); Corel, 27 (clown fish); Craig Brandt, 9; Creatas, 3 (penguin), 26 (whale); Digital Vision, 2 (tiger), 3 (ostrich); Digital Vision/Gerry Ellis, 1 (elephant), 26 (elephant); Digital Vision/Jeremy Woodhouse, 1 (polar bear), 26 (polar bear); Getty Images Inc./Andy Rouse, cover (elephant); Getty Images Inc./Jonathan & Angela, 8; Getty Images Inc./Peter Weber, 23; Getty Images Inc./Tom Walker, 18; Marty Snyderman, 24; Minden Pictures/Flip Nicklin, 5; Minden Pictures/Tim Fitzharris, 16; Minden Pictures/Tom Vezo, 15; Minden Pictures/Tu De Roy, 22; Peter Arnold Inc./Fred Bruemmer, 19; Peter Arnold, Inc./Rosemary Calvert, 21; Photodisc, 27 (mouse); Seapics.com/Andre Seale, 25; Seapics.com/Masa Ushioda, 4; Tom & Pat Leeson, 6, 10, 20

Note to Parents, Teachers, and Librarians
This Animales opuestos/Animal Opposites book uses full-color photographs and a nonfiction format to introduce children to the concepts of big and small in both English and Spanish. Grandes y pequeños/Big and Small is designed to be read aloud to a pre-reader or to be read independently by an early reader. Photographs help listeners and early readers understand the text and concepts discussed. The book encourages further learning by including the following sections: Did You Know?, Glossary, Internet Sites, and Index. Early readers may need assistance using these features.